Engelbert Humperdinck

Hänsel und Gretel

Märchenspiel in drei Bildern
von Adelheid Wette

Libretto nach dem Wortlaut der Partitur
Nachwort von Henning Mehnert

Philipp Reclam jun. Stuttgart

Umschlagabbildung:
Ulrike Helzel, Heidi Person und Patricia Johnson als Hänsel, Gretel und Knusperhexe,
Deutsche Oper Berlin, 1995,
Inszenierung von Filippo Sanjust
(Foto: kranichphoto, Berlin)

RECLAMS UNIVERSAL-BIBLIOTHEK Nr. 7749

Gesamtherstellung: Reclam, Ditzingen. Printed in Germany 2008

ISBN 978-3-15-007749-8

www.reclam.de

Personen

PETER, Besenbinder (Bariton)
GERTRUD, sein Weib (Mezzo-Sopran)
HÄNSEL } deren Kinder { (Mezzo-Sopran)
GRETEL } deren Kinder { (Sopran)
DIE KNUSPERHEXE (Mezzo-Sopran)
SANDMÄNNCHEN (Sopran)
TAUMÄNNCHEN (Sopran)
KINDER (Sopran und Alt)
DIE VIERZEHN ENGEL

Erstes Bild: Daheim
Zweites Bild: Im Walde
Drittes Bild: Das Knusperhäuschen

(Rechts und links vom Zuschauer)

Erste Aufführung: 23. Dezember 1893 im Großherzoglichen Hoftheater zu Weimar

Vorspiel

Abendsegen – Knusperhexe –
Furcht, Trost und Freude der Kinder

Erstes Bild

Daheim

Kleine, dürftige Stube. Im Hintergrund rechts eine niedrige Tür, in der Mitte ein kleines Fenster mit Aussicht in den Wald. Links ein Herd mit einem Rauchfang darüber. Gegenüber an der Wand hängen Besen in verschiedenen Größen. Tisch und Schemel.

Erste Szene

HÄNSEL, *an der Türe mit Besenbinden,* GRETEL, *am Herde mit Strumpfstricken beschäftigt, sitzen einander gegenüber.*

GRETEL. Suse, liebe Suse,
was raschelt im Stroh?
Die Gänse gehen barfuß
und haben kein' Schuh'!
Der Schuster hat's Leder,
kein Leisten dazu,
drum kann er den Gänschen
auch machen kein' Schuh'!

HÄNSEL *(sie unterbrechend)*
Ei so gehn sie halt barfuß! …
Eia popeia,
das ist eine Not!
Wer schenkt mir einen Dreier
für Zucker und Brot?
Verkauf ich mein Bettlein
und leg mich aufs Stroh,

sticht mich keine Feder
und beißt mich kein – Floh!

GRETEL *(unterbrechend).*
Ei, wie beißt mich der Hunger! ...

HÄNSEL *(wirft seine Arbeit fort und steht auf).*
Ach, käm doch die Mutter nun endlich nach Haus!

GRETEL *(erhebt sich).* Ach ja,
auch ich halt's kaum noch vor Hunger aus.

HÄNSEL. Seit Wochen nichts als trocken Brot:
ist das ein Elend, potz schwere Not!

GRETEL. Still, Hänsel, denk daran, was Vater sagt,
wenn Mutter manchmal so verzagt:
»Wenn die Not aufs Höchste steigt,
Gott der Herr die Hand euch reicht!«

HÄNSEL. Jawohl, das klingt recht schön und glatt,
aber leider wird man davon nicht satt.
Ach, Gretel, wie lang ist's doch schon her,
dass wir nichts Gut's geschmauset mehr!
Eierfladen und Butterwecken –
kaum weiß ich noch, wie die tun schmecken.
(Dem Weinen nahe.)
Ach, Gretel, ich wollt ...

GRETEL *(hält ihm den Mund zu).*
Still, nicht verdrießlich sein:
Gedulde dich fein, sieh freundlich drein!
Dies lange Gesicht – hu, welcher Graus!
Siehst ja wie der leibhaftige Griesgram aus!
(Nimmt einen Besen zur Hand.)
Griesgram, hinaus!
Fort aus dem Haus!
Ich will dich lehren,
Herz zu beschweren,
Sorgen zu mehren,
Freuden zu wehren!
Griesgram, Griesgram, greulicher Wicht,
griesiges, grämiges Galgengesicht,
packe dich, trolle dich, schäbiger Wicht!

HÄNSEL *(fasst mit an den Besen).*
Griesgram, hinaus!
Halt's nicht mehr aus!
Immer mich plagen,
Hungertuch benagen,
muss ja verzagen,
kann's nicht ertragen!
Griesgram, Griesgram, greulicher Wicht,
griesiges, grämiges Galgengesicht,
packe dich, trolle dich, schäbiger Wicht!
(Gebärde des Hinausfegens.)

GRETEL. So recht! Und willst du nun nicht mehr klagen,
so will ich dir auch ein Geheimnis sagen.

HÄNSEL. Ein Geheimnis? Wird wohl was Rechtes sein!

GRETEL. Ja, hör nur, Brüderchen, darfst dich schon freun!
(Holt den Milchtopf herunter.)
Guck her in den Topf. Milch ist darin,
die schenkte uns heute die Nachbarin.
Die Mutter kocht uns, kommt sie nach Haus,
gewiss einen leckeren Reisbrei daraus.

HÄNSEL *(jubelnd).* Reisbrei! Hei!

Reisbrei, Reisbrei, herrlicher Brei!
Gibt's Reisbrei, da ist Hänsel dabei!
Wie dick ist der Rahm auf der Milch? Lass schmecken!
(Nascht mit dem Finger.)
Herrjemine, den möcht ich ganz verschlecken!

GRETEL. Wie, Hänsel, naschen? Schämst du dich nicht?
Fort mit den Fingern, du naschhafter Wicht!
(Gibt ihm eins auf die Finger und stellt den Topf auf den Tisch.)
Und jetzt an die Arbeit zurück, geschwind,
dass wir beizeiten fertig sind!
Kommt Mutter heim und wir taten nicht Recht,
Dann, weißt du, geht es den Faulpelzen schlecht!

HÄNSEL. Arbeiten? Wo denkst du hin?
Danach steht mir nicht der Sinn.
Immer mich plagen fällt mir nicht ein,
jetzt lass uns tanzen und fröhlich sein!

GRETEL *(entzückt)*.
Tanzen? Das wär auch mir eine Lust!
Dazu ein Liedchen aus froher Brust!
Was uns die Muhme gelehrt zu singen:
Tanzliedchen soll jetzt lustig erklingen!
(Klatscht in die Hände.)

Brüderchen, komm, tanz mit mir,
beide Händchen reich ich dir,

einmal hin, einmal her,
rund herum, es ist nicht schwer!

HÄNSEL *(versucht's, jedoch ungeschickt).*
Tanzen soll ich armer Wicht,
Schwesterchen, und kann es nicht!
Darum zeig mir, wie es Brauch,
dass ich tanzen lerne auch!

GRETEL. Mit den Füßchen tapp tapp tapp,
mit den Händchen klapp klapp klapp,
einmal hin, einmal her,
rund herum, es ist nicht schwer!

HÄNSEL. Mit den Füßchen tapp tapp tapp,
mit den Händchen klapp klapp klapp,
einmal hin, einmal her,
’rum, es ist nicht schwer!

GRETEL. Ei, das hast du gut gemacht!
ei, das hätt ich nicht gedacht!
Seht mir doch den Hänsel an,
wie der tanzen lernen kann!
(Klatscht fröhlich in die Hände.)
Mit dem Köpfchen nick nick nick,
mit dem Fingerchen tick tick tick,
einmal hin, einmal her,
rund herum, es ist nicht schwer!

HÄNSEL. Mit dem Köpfchen nick nick nick,
mit dem Fingerchen tick tick tick,
einmal hin, einmal her,
'rum, es ist nicht schwer!

GRETEL. Brüderchen, nun gib mal acht,
Was die Gretel weiter macht!
Lass uns Arm in Arm verschränken,
unsre Schrittchen paarweis lenken! – Komm!–

BEIDE. Ich liebe Tanz und Fröhlichkeit
und bin nicht gern allein;
ich bin kein Freund von Traurigkeit,
und fröhlich will ich sein.

GRETEL *(umtanzt ihn und gibt ihm einen Stoß).*
Tralala, tralala, tralala la la,
drehe dich herum, mein lieber Hänsel,
dreh dich doch herum, mein lieber Hans!
Komm her zu mir, komm her zu mir,
zum Ringelreigentanz!

HÄNSEL *(barsch).* Geh weg von mir, geh weg von mir,
ich bin der stolze Hans!
Mit kleinen Mädchen tanz ich nicht,
das ist mir viel zu dumm!

GRETEL. Geh, stolzer Hans, geh, dummer Hans,
ich krieg dich doch herum!
(Umtanzt Hänsel.)
Tralala, tralala, tralala la la,
drehe dich herum, mein lieber Hänsel,
dreh dich doch herum, mein lieber Hans!

HÄNSEL. Ach Schwesterlein, ach Gretelein,
Du hast im Strumpf ein Loch!

GRETEL. Ach Brüderlein, ach Hänselein,
Du willst mich hänseln noch?
Mit bösen Buben tanz ich nicht,
das wär mir viel zu dumm!

HÄNSEL. Nicht böse sein, lieb Schwesterlein,
Ich krieg dich doch herum!

GRETEL. Tanz lustig, heißa, lustig tanz,
lass dich's nicht gereu'n!
Und ist der Strumpf auch nicht mehr ganz,
die Mutter strickt dir 'n neu'n!
Tralala, tralala usw.
HÄNSEL. Tanz lustig, heißa, lustig tanz,
lass dich's nicht gereu'n!
Und ist der Schuh auch nicht mehr ganz,
der Schuster flickt dir 'n neu'n!
Tralala, tralala usw.
(Sie fassen sich bei den Händen und drehen sich immer schneller im Kreise, bis sie schließlich das Gleichgewicht verlieren und übereinander auf den Boden hinpurzeln. In diesem Augenblick geht die Türe auf, die Mutter wird sichtbar, worauf die Kinder schnell vom Boden aufspringen und auf ihre Plätze eilen.)

Zweite Szene

MUTTER *(mit der Kiepe auf dem Rücken).* Holla!
HÄNSEL und GRETEL. Himmel, die Mutter!
MUTTER. Was ist das für eine Geschichte?
(Verlegenheit.)
GRETEL. Der Hänsel –
HÄNSEL. Die Gretel –
GRETEL. Er wollte –
HÄNSEL. Ich sollte –
MUTTER *(tritt herein, schnallt ihre Kiepe ab und setzt sie nieder).*
Wartet, ihr ungezogenen Wichte!
(In Zorn ausbrechend.)
Nennt ihr das Arbeit? Johlen und singen?
Wie auf der Kirmes tanzen und springen?
Indes die Eltern vom frühen Morgen
bis in die Nacht sich mühen und sorgen.
Dass dich!
(Gibt Hänsel einen Puff.)

Lasst sehn, was habt ihr beschickt?
– Wie, Gretel, den Strumpf nicht fertig gestrickt?
– Und du? – du Schlingel! In all den Stunden
nicht mal die wenigen Besen gebunden?
Ihr unnützes Volk, den Stock will ich holen,
und euch den Faulpelz weidlich versohlen!
(In ihrem Eifer hinter den Kindern her, stößt sie den Milchtopf vom Tisch, dass er klirrend zu Boden fällt.)
Jesses! Nun auch den Topf noch zerbrochen!
(Weinend.)
Was nun zum Abend kochen?
(Besieht ihren mit Milch begossenen Rock; Hänsel kichert verstohlen.)
Was, Bengel, du lachst mich noch aus?
(Mit dem Stock hinter Hänsel her, der zur offenen Tür hinausrennt.)
Wart, kommt nur der Vater nach Haus –
(Reißt einen kleinen Korb von der Wand und drängt ihn Gretel in die Hand.)
Marsch, fort – in den Wald!
Dort sucht mir Erdbeeren! – Nun, wird es bald?
(Treibt auch Gretel zur Stube hinaus und droht mit dem Stocke den sich furchtsam umschauenden Kindern.)
Und bringt ihr den Korb nicht voll bis zum Rand,
so hau ich euch, dass ihr fliegt an die Wand!
(Die Kinder laufen in den Wald. Die Mutter setzt sich erschöpft an den Tisch.)
Da liegt nun der gute Topf in Scherben!
Ja, blinder Eifer bringt immer Verderben. –
Herrgott, wirf Geld herab! Nichts hab ich zu leben,
kein Krümchen, den Würmern zu essen zu geben;
kein Tröpfchen im Topfe, kein Krüstchen im Schrank,
schon lange nur Wasser zum Trank.
(Stützt den Kopf mit der Hand.)
Müde bin ich – müde zum Sterben –
Herrgott, wirf Geld herab – –
(Legt den Kopf auf den Arm und schläft ein.)

Dritte Szene

Man hört eine Stimme von weitem.

DER VATER. Rallalala, rallalala,
heisa Mutter, ich bin da!
Rallalala, rallalala,
bringe Glück und Gloria!
(Etwas näher.) Ach, wir armen, armen Leute!
Alle Tage so wie heute:
In dem Beutel ein großes Loch
und im Magen ein größres noch –
Rallalala, rallalala,
Hunger ist der beste Koch!
(Am Fenster wird der Kopf des Vaters sichtbar, der während des Folgenden in angeheitertem Zustande mit einem Kober auf dem Rücken in die Stube tritt.)
Ja, ihr Reichen könnt euch laben,
wir, die nichts zu essen haben,
nagen, ach, die ganze Woch,
sieben Tag an einem Knoch!
Rallalala, rallalala,
Hunger ist der beste Koch!
[Ach, wir sind ja gern zufrieden;
denn das Glück ist so verschieden,
aber, aber wahr ist's doch:
Armut ist ein schweres Joch!
Rallalala, rallalala –
Hunger ist der beste Koch!]*
(Er setzt seinen Kober nieder.)
Ja, ja, der Hunger kocht schon gut,
sofern er kommandieren tut.
Allein was nützt der Kommandeur,
fehlt euch im Topf die Zubehör?
Rallalala, rallala!

* Die eingeklammerte Strophe nach Belieben.

Kümmel ist mein Leiblikör!
Rallalala, rallalala!
Muter, schau, was ich bescher!
(Gibt ihr einen derben Schmatz.)
MUTTER *(sich die Augen reibend).* Hoho! –
Wer spek – spektakelt mir da im Haus
und rallalakelt aus dem Schlaf mich heraus?
VATER *(lallend).* I wo! –
Das tolle Tier,
im Magen hier,
das bellte so, das glaube mir!
Rallalala, rallalala,
Hunger ist ein tolles Tier,
Rallalala, rallalala,
beißt und kratzt, das glaube mir!
MUTTER. So, so!
Das tolle Tier,
es ist wohl schier
stark angezecht – das glaube mir!
VATER. Nun ja –! 's war heut ein heiterer Tag,
fandst du nicht auch, lieb Weib?
MUTTER *(ärgerlich).*
Ach geh! du weißt, nicht leiden mag
ich Wirtshaus-Zeitvertreib!
VATER *(zu seinem Kober sich wendend).*
Auch gut! So sehen wir, wenn's beliebt,
was es für heut zu schmausen gibt.
MUTTER. Höchst einfach ist das Speisregister,
der Abendschmaus – zum Henker ist er!
Teller leer,
Keller leer,
und im Beutel ist gar nichts mehr.
VATER. Rallalala, rallalala,
lustig, Mutter, bin auch noch da!
Rallalala, rallalala,
bringe Glück und Gloria!

(Nimmt den Kober und kramt aus.)
Schau, Mutter!
Wie gefällt dir dies Futter?

MUTTER. Mann, was seh ich? Speck und Butter!
Mehl und Würste ... vierzehn Eier –
– Mann! Sie sind jetzunder teuer! –
Bohnen, Zwiebeln und – herrje!
Gar ein viertel Pfund Kaffee!

VATER *(kehrt den Kober vollends um. Ein Haufen Kartoffeln rollt zur Erde. Beide fassen sich am Arm und tanzen in der Stube umher).*
Rallalala, hopsassa!
Heute wolln wir lustig sein!
Ja, hör nur, Mütterchen, wie's geschah!
(Die Mutter kramt die Sachen in den Schrank ein, macht Feuer im Herd an, schlägt Eier in eine Schüssel, kocht Kaffee usw. Der Vater setzt sich.)
Drüben hinterm Herrenwald
da gibt's prächt'ge Feste bald:
Kirmes, Hochzeit, Jubiläum,
Böllergeknall und groß Tedeum.
Mein Geschäft kommt nun zur Blüte,
dessen froh sei dein Gemüte!
Wer will feine Feste feiern,
der muss kehren, schrubben und scheuern.
Bot drum meine Waren aus,
zog damit von Haus zu Haus:
»Kauft Besen! Gute Feger!
Feine Bürsten! Spinnejäger!«
Sieh, da verkauft ich massenweise
meine Waren zu dem höchsten Preise! –
Schnell nun her mit Topf und Pfanne,
her mit Schüssel, Kessel und Kanne!
(Er stößt geräuschvoll einige blecherne Gefäße vom Herde hinunter.)

BEIDE. Vivat hoch die Besenbinder!

VATER *(setzt die Kümmelflasche an den Mund, hält jedoch plötzlich inne).*
Doch halt – wo bleiben die Kinder?
Hänsel! Gretel! – Wo steckt der Hans?
MUTTER *(zuckt verlegen die Achseln).*
Wo er steckt? Ja, wüsste man's!
Doch das weiß ich klar wie Tag,
dass der Topf zu Scherben brach.
VATER *(zornig).* Was? der neue Topf entzwei?
MUTTER. Und am Boden quoll der Brei!
VATER *(mit der Faust auf den Tisch schlagend).*
Donnerkeil! So haben die Rangen
wieder Unfug angefangen?
MUTTER. Unfug viel und Arbeit keine
hatten sie getrieben hier alleine;
hörte schon draußen sie johlen,
hopsen und springen wie wilde Fohlen,
na, da wusst ich nicht, wo mir stand der Kopf,
und vor Zorn –
VATER. – zerbrach der Topf.
(Lacht aus vollem Halse, die Mutter stimmt ein.)
Na, Zornmütterchen, nimm mir's nicht krumm,
solche Zorntöpfe find ich recht dumm!
Doch sag, wo mögen die Kinderchen sein?
MUTTER *(schnippisch).*
Meinethalben am *Ilsenstein*!
VATER *(erschrocken).*
Am Ilsenstein? – Ei, juckt dich das Fell?
(Nimmt einen Besen von der Wand.)
MUTTER. Den Besen lass nur an seiner Stell.
VATER *(lässt den Besen fallen und ringt die Hände).*
Wenn sie sich verirrten im Walde dort,
in der Nacht, ohne Stern und Mond!
MUTTER *(betroffen).* O Himmel!
VATER. Kennst du nicht den schauerlich düstern Ort?
Weißt nicht, dass die *Böse* dort wohnt?

MUTTER. Die Böse? Wen meinst du?
VATER *(mit geheimnisvollem Nachdruck).*
Die *Knusperhexe*!
MUTTER *(fährt zusammen).* Die Knusperhexe! –
(Zurückweichend, da der Vater den Besen wieder aufnimmt.)
Mein! Sag doch, was soll denn der Besen?
VATER. Der Besen! Der Besen!
Was macht man damit? Was macht man damit?
Es reiten drauf, es reiten drauf
die Hexen!
Eine Hex, steinalt,
haust tief im Wald,
vom Teufel selber hat sie Gewalt!
Um Mitternacht,
wenn niemand wacht,
dann reitet sie aus zur Hexenjagd.
Zum Schornstein hinaus,
auf dem Besen, o Graus,
über Berg und Kluft,
über Tal und Schluft,
durch Nebelduft,
im Sturm durch die Luft:
Ja so reiten, ja so reiten,
juchheißa, die Hexen!
MUTTER.
Entsetzlich! – Doch die Knusperhex?
VATER. Ja, bei Tag, o Graus:
zum Hexenschmaus
im Knisper-Knasper-Knusperhaus
die Kinderlein,
Armsünderlein,
mit Zauberkuchen lockt sie hinein.
Doch übelgesinnt
ergreift sie geschwind
das arme Kuchen knuspernde Kind.
In den Ofen hitzhell,

schiebt's die Hexe blitzschnell,
dann kommen zur Stell,
gebräunet das Fell,
aus dem Ofen, aus dem Ofen:
die *Lebkuchenkinder*!

MUTTER. Und die Lebkuchenkinder?
VATER. Sie werden gefressen!
MUTTER. Von der Hexe?
VATER. Von der Hexe!
MUTTER *(händeringend)*. O Graus!
Hilf, Himmel! Die Kinder! Ich halt's nicht mehr aus!
(Rennt aus dem Hause.)
VATER *(nimmt die Kümmelflasche vom Tisch)*.
He, Alte, wart doch! Nimm mich mit!
Wir wollen ja beide zum Hexenritt!
(Eilt ihr nach. Der Vorhang fällt schnell.)

Überleitung zum zweiten Bild

Der Hexenritt

Zweites Bild

Im Walde

Erste Szene

Tiefer Wald. Im Hintergrunde der Ilsenstein, von dichtem Tannengehölz umgeben. Rechts eine mächtige Tanne, darunter sitzt Gretel auf einer moosbedeckten Wurzel und windet einen Kranz von Hagebutten; neben ihr liegt ein Blumenstrauß. Links, abseits im Gebüsch, Hänsel, nach Erdbeeren suchend. Abendrot.

GRETEL.

Ein Männlein steht im Walde ganz still und stumm,
es hat von lauter Purpur ein Mäntlein um.
Sagt, wer mag das Männlein sein,
das da steht im Wald allein
mit dem purpurroten Mäntelein?

Das Männlein steht im Walde auf einem Bein
und hat auf seinem Kopfe schwarz Käpplein klein.
Sagt, wer mag das Männlein sein,

das da steht im Wald allein
mit dem kleinen schwarzen Käppelein?
(Sie hält das Hagebuttenkränzchen in die Höhe und betrachtet es von allen Seiten.)

HÄNSEL *(kommt hervor und schwenkt jubelnd sein Körbchen).*
Juchhe!
Mein Erbelkörbchen ist voll bis oben;
wie wird die Mutter den Hänsel loben!

GRETEL *(aufstehend).*
Mein Kränzel ist auch schon fertig, sieh!
So schön wie heute ward's noch nie!
(Will den Kranz Hänsel auf den Kopf setzen.)

HÄNSEL *(barsch abwehrend).*
Buben tragen doch so was nicht,
's ist nur für ein Mädchengesicht!
(Setzt ihr den Kranz auf.)
Hei, Gretel, feines Mädel!
Ei, der Daus,
siehst ja wie die Waldkönigin aus!

GRETEL. Seh ich wie die Waldkönigin aus,
so reich mir auch den Blumenstrauß.

HÄNSEL *(gibt ihr den Strauß).*
Waldkönigin mit Zepter und Kron,
da, nimm auch die Erbeln, doch nasch nicht davon!
(Er gibt ihr das Körbchen voll Erdbeeren in die andere Hand und lässt sich gleichsam huldigend auf die Knie vor ihr nieder. In diesem Augenblick ertönt der Ruf eines Kuckucks.)

HÄNSEL *(mit der Hand deutend).*
Kuckuck! *Eier*schluck!

GRETEL *(schalkhaft).* Kuckuck! *Erbel*schluck!
(Nimmt eine Beere aus dem Körbchen und schiebt sie Hänsel in den Mund, der sie schlürft, als ob er ein Ei austränke.)

HÄNSEL *(springt auf).*
Hoho! Das kann ich auch! Gib nur Acht!
(Nimmt einige Beeren und lässt sie Gretel in den Mund rollen.)

Wir machen's, wie der Kuckuck schluckt,
wenn er in fremde Nester guckt!
(Der Kuckuck ruft abermals. Es beginnt zu dämmern.)

HÄNSEL *(greift wieder zu).* Kuckuck! Eierschluck!

GRETEL *(ebenso).* Kuckuck! Erbelschluck!

HÄNSEL. Setzest deine Kinder aus!
Kuckuck!
Trinkst die fremden Eier aus!
Gluckgluck!
(Lässt sich eine Handvoll Beeren in den Mund rollen.)

GRETEL. Sammelst Beeren schön zuhauf,
Kuckuck!
Schluckst sie, Schlauer, selber auf!
Schluckschluck!
(Sie werden immer übermütiger und raufen sich schließlich um die Beeren. Hänsel trägt den Sieg davon und setzt den Korb vollends an den Mund, bis er leer geworden. Indessen hat die Dunkelheit immer mehr zugenommen.)

GRETEL *(Hänsel den Korb entreißend).*
Hänsel, was hast du getan? O Himmel!
Alle Erbeln gegessen, du Lümmel!
Wart nur, das gibt ein Strafgericht,
denn die Mutter, die spaßt heute nicht!

HÄNSEL *(ruhig).* Ei was, stell dich doch nicht so an,
du, Gretel, hast es ja selber getan!

GRETEL. Komm, wir wollen rasch neue suchen!

HÄNSEL.
Im Dunkeln wohl gar, unter Hecken und Buchen?
Man sieht ja nicht Blatt, nicht Beere mehr!
Es wird schon dunkel ringsumher!

GRETEL. Ach, Hänsel, Hänsel! Was fangen wir an?
Was haben wir törichten Kinder getan?
Wir durften hier nicht so lange säumen!

HÄNSEL. Horch, wie es rauscht in den Bäumen! –
Weißt du, was der Wald jetzt spricht? –
»Kindlein, Kindlein«, fragt er, »fürchtet ihr euch nicht?«

(Er späht unruhig umher. – Endlich wendet er sich verlegen zu Gretel.)
Gretel! Ich weiß den Weg nicht mehr!
GRETEL *(bestürzt).*
O Gott! Was sagst du? den Weg nicht mehr?
HÄNSEL *(sich mutig stellend).*
Was bist du für ein furchtsam Wicht!
Ich bin ein Bub und fürcht mich nicht!
GRETEL. Ach, Hänsel! Gewiss geschieht uns ein Leid!
HÄNSEL. Ach, Gretel, geh, sei doch gescheit!
GRETEL. Was schimmert denn dort in der Dunkelheit?
HÄNSEL. Das sind die *Birken* im weißen Kleid.
GRETEL. Und dort, was grinset daher vom Sumpf?
HÄNSEL *(stotternd).*
D–d–das ist ein glimmender *Weidenstumpf*!
GRETEL *(hastig).* Was für ein wunderlich Gesicht
macht er soeben – siehst du's nicht?
HÄNSEL *(sehr laut).*
Ich mach dir 'ne Nase, hörst du's, du Wicht?
GRETEL *(ängstlich).*
Da sieh, das *Lichtchen* – es kommt immer näh'r.
HÄNSEL. *Irrlichtchen* hüpfet wohl hin und her!
Gretel, du musst beherzter sein –
wart, ich will einmal tüchtig schrein!
(Er geht einige Schritte zum Hintergrund und ruft durch die hohlen Hände.)
Wer da?
ECHO. Er da!
(Die Kinder schmiegen sich erschreckt aneinander.)
GRETEL *(zaghaft).* Ist jemand da?
ECHO *(leise).* Ja!
(Die Kinder schaudern zusammen.)
GRETEL. Hast du gehört: 's rief leise: Ja!
Hänsel, sicher ist jemand nah!
(Weinend.)
Ich fürcht mich, ich fürcht mich!

O wär ich zu Haus!
Wie sieht der Wald so gespenstig aus!

HÄNSEL. Gretelchen, drücke dich fest an mich!
Ich halte dich, ich schütze dich!
(Ein dichter Nebel steigt auf und verhüllt den Hintergrund gänzlich.)

GRETEL. Da kommen weiße Nebelfrauen,
sieh, wie sie winken und drohend schauen!
Sie kommen, sie kommen,
sie fassen uns an! *(Schreiend.)* Vater, Mutter!
(Eilt entsetzt unter die Tanne und verbirgt sich, auf die Knie stürzend, hinter Hänsel. – In diesem Augenblick zerreißt links der Nebel; ein kleines graues Männchen, mit einem Säckchen auf dem Rücken, wird sichtbar.)

HÄNSEL. Sieh, dort das Männchen, Schwesterlein!
Was mag das für ein Männlein sein?

Zweite Szene

SANDMÄNNCHEN *(nähert sich mit freundlichen Gebärden den Kindern, die sich allmählich beruhigen, und wirft ihnen während des Folgenden Sand in die Augen).*
Der kleine Sandmann bin ich – s-t!
und gar nichts Arges sinn ich – s-t!
Euch Kleinen lieb ich innig – s-t!
bin euch gesinnt gar minnig – s-t!
Aus diesem Sack zwei Körnelein
euch Müden in die Äugelein;
die fallen dann von selber zu,
damit ihr schlaft in sanfter Ruh.
Und seid ihr fein geschlafen ein:
dann wachen auf die Sterne,
aus hoher Himmelsferne
gar holde Träume bringen euch die Engelein.
Drum träume, Kindchen, träume!
(Verschwindet.)

HÄNSEL *(schlaftrunken).* Sandmann war da!

GRETEL *(ebenso).* Lass uns den Abendsegen beten!

(Sie kauern sich nieder und falten die Hände.)

BEIDE. Abends, will ich schlafen gehn,
vierzehn Engel um mich stehn:

zwei zu meinen Häupten,
zwei zu meinen Füßen,
zwei zu meiner Rechten,
zwei zu meiner Linken,
zweie, die mich decken,
zweie, die mich wecken,
zweie, die mich weisen
zu Himmels Paradeisen!

(Sie sinken aufs Moos zurück und schlummern, Arm in Arm verschlungen, alsbald ein. – Völlige Dunkelheit.)

Dritte Szene

Plötzlich dringt von oben her ein heller Schein durch den Nebel, der sich wolkenförmig zusammenballt und die Gestalt einer in die Mitte der Bühne hinabführenden Treppe annimmt. Vierzehn Engel, die kleinsten voran, die größten zuletzt, schreiten paarweise, während das Licht an Helligkeit zunimmt, in Zwischenräumen die Wolkentreppen hinab und stellen sich, der Reihenfolge des Abendsegens entsprechend, um die schlafenden Kinder auf, das erste Paar zu Häupten, das zweite zu Füßen, das dritte rechts, das vierte links; dann verteilen sich das fünfte und sechste Paar zwischen die übrigen Paare, so dass der Kreis der Engel vollständig geschlossen wird. Zuletzt tritt das siebente Paar in den Kreis und nimmt als »Schutzengel« zu beiden Seiten der Kinder Platz, während die übrigen sich die Hände reichen und einen feierlichen Reigen um die Gruppe aufführen. Indem sie sich zu einem malerischen Schlussbilde ordnen, schließt sich langsam der Vorhang.

Einleitung zum dritten Bild

Waldmorgen vor dem Knusperhaus

Drittes Bild

Das Knusperhäuschen

Erste Szene

Wie am Schlusse des zweiten Bildes. Der Hintergrund noch von Nebel verhüllt, der sich während des Folgenden langsam verzieht. Die Engel sind verschwunden. – Früher Morgen. Taumännchen tritt auf und schüttelt aus einer Glockenblume Tautropfen auf die schlafenden Kinder.

TAUMÄNNCHEN.

Der kleine Tau-mann heiß ich – kling!
Und mit der Sonne reis ich – klang!
Von Ost bis Westen weiß ich – kling!
Wer faul ist und wer fleißig – klang!
Ich komm mit goldnem Sonnenschein
und strahl in eure Äugelein
und weck mit kühlem Taue,
was schläft auf Flur und Aue.
Dann springet auf, wer munter
in früher Morgenstunde,
denn sie hat Gold im Munde,
drum auf, ihr Schläfer, erwachet,
der lichte Tag schon lachet!

(Eilt davon. Die Kinder regen sich.)

GRETEL *(öffnet die Augen, richtet sich halb auf und blickt verwundert um sich, während Hänsel sich auf die andere Seite legt, um weiterzuschlafen).*

Wo bin ich? Wach ich? Ist es ein Traum?
Hier lieg ich unterm Tannenbaum.
Hoch in den Zweigen da lispelt es leise,
Vöglein singen so süße Weise.
Wohl früh schon waren sie aufgewacht
und haben ihr Morgenlied dargebracht.

Ihr lieben Vöglein, guten Morgen!
(Sie erblickt Hänsel.)
Sieh da, der faule Siebenschläfer!
Wart nur, dich weck ich!
(Sie bückt sich zu ihm nieder und singt.) Tirelireli,
's ist nicht mehr früh!
Die Lerche hat's gesungen
und hoch sich aufgeschwungen.
(Aufspringend.) Tirelireli!

HÄNSEL *(der während des Liedes erwacht ist, reibt sich die Augen und stimmt, gleichfalls aufspringend, munter in Gretels Weise ein).*
Kikeriki!
's ist noch früh!
Ja, hab's wohl vernommen,
der Morgen ist gekommen,
Kikeriki! *(Dehnt sich.)*
Mir ist so wohl, ich weiß nicht wie;
so gut wie heute schlief ich noch nie!

GRETEL. Doch höre nur! Hier unterm Baum,
hatt ich 'nen wunderschönen Traum.

HÄNSEL. Richtig! Auch mir träumte was!

GRETEL. Mir träumte, ich hör ein Rauschen und Klingen,
wie Chöre der Engel, ein himmlisches Singen.
Lichte Wölkchen in rosigem Schein
wallten und wogten ins Dunkel herein.
Siehe, hell ward's mit einem Male,
lichtdurchflossen vom Himmelsstrahle;
eine goldne Leiter sah ich sich neigen,
Engel herniedersteigen,
Engel mit goldnen Flügelein –

HÄNSEL *(sie lebhaft unterbrechend).*
Vierzehn müssen's gewesen sein!

GRETEL *(erstaunt).* Hast du denn alles dies auch gesehen?

HÄNSEL. Freilich! 's war wunderschön –
und dorthin sah ich sie gehn!

(Er wendet sich nach dem Hintergrunde. In diesem Augenblick zerreißt der letzte Nebelschleier. An Stelle des Tannengehölzes erscheint glitzernd im Strahl der aufgehenden Sonne das »Knusperhäuschen« am Ilsenstein. Links davon in einiger Entfernung befindet sich ein Backofen, diesem rechts gegenüber ein großer Käfig, beide mit dem Knusperhäuschen durch einen Zaun von Kuchenmännern verbunden.)

Zweite Szene

GRETEL *(hält Hänsel betroffen zurück).*
Bleib stehn! Bleib stehn!
HÄNSEL *(überrascht).*
O Himmel, welch Wunder ist hier geschehn!
Nein, so was hab ich mein Tag nicht gesehn!
(Beide blicken wie verzaubert auf das Knusperhäuschen.)
GRETEL *(gewinnt allmählich die Fassung wieder).*
Wie duftet's von dorten,
o schau nur diese Pracht!
Von Kuchen und Torten
ein Häuslein gemacht!
BEIDE. Mit Fladen, mit Torten
ist's hoch überdacht!
Die Fenster wahrhaftig
wie Zucker so blank,
Rosinen gar saftig
den Giebel entlang!
Und – traun!
Rings zu schaun
gar ein Lebkuchen-Zaun!
O herrlich Schlösschen,
wie bist du schmuck und fein!
Welch Waldprinzesschen
mag da wohl drinnen sein?
Ach wär doch zu Hause

die Waldprinzessin fein,
sie lüde zum Schmause
bei Kuchen und Wein,
zum herrlichsten Schmause
uns beide freundlich ein!

HÄNSEL *(lauscht).*
Alles bleibt still, nichts regt sich da drinnen.
Komm, lass uns hineingehn!
GRETEL *(erschrocken ihn zurückhaltend).*
Bist du bei Sinnen?
Junge, wie magst du so dreist nur sein?
Wer weiß, wer da drin wohl im Häuschen fein?
HÄNSEL O sieh nur, sieh, wie das Häuschen uns lacht!
(Begeistert.)
Ha! Die Englein haben's uns hergebracht.
GRETEL *(sinnend).*
Die Englein? – Ja, so wird es wohl sein!
HÄNSEL. Ja, Gretel, sie laden freundlich uns ein! –
Komm, wir knuspern ein wenig vom Häuschen!
BEIDE. Ja, knuspern wir, wie zwei Nagemäuschen!
(Sie hüpfen Hand in Hand nach dem Hintergrunde, bleiben wiederum stehen und schleichen dann vorsichtig auf den Fußspitzen bis an das Häuschen heran. Nach einigem Zögern bricht Hänsel an der rechten Kante ein Stückchen Kuchen heraus.)
STIMME AUS DEM HÄUSCHEN.
Knusper, knusper Knäuschen,
wer knuspert mir am Häuschen?
(Hänsel lässt erschrocken das Stück Kuchen zu Boden fallen.)
GRETEL *(zaghaft).* Der Wind!
HÄNSEL *(ebenso).* Der Wind!
BEIDE. Das himmlische Kind!
GRETEL *(hebt das Stück Kuchen wieder auf und versucht es).*
Hm!
HÄNSEL *(Gretel begehrlich anschauend).*
Wie schmeckt das?
GRETEL *(ihn beißen lassend).* Da hast du auch was!
HÄNSEL *(legt entzückt die Hand auf die Brust).* Hei!
GRETEL *(ebenso).* Hei!
BEIDE. O köstlicher Kuchen,
wie schmeckst du nach mehr!

Mir ist ja, als wenn ich
im Himmel schon wär!

HÄNSEL. Hei, wie das schmeckt! 's ist gar zu lecker!

GRETEL. Vielleicht gar wohnt hier ein Zuckerbäcker!

HÄNSEL *(ruft).* He, Zuckerbäcker, nimm dich in Acht,
ein Loch wird dir jetzt vom Mäuslein gemacht!
(Bricht ein großes Stück aus der Wand heraus.)

STIMME AUS DEM HÄUSCHEN.
Knusper, knusper Knäuschen,
wer knuspert mir am Häuschen?

HÄNSEL und GRETEL.
Der Wind, der Wind,
das himmlische Kind!
(Sie springen vergnügt nach vorn.)

Dritte Szene

Der obere Teil der Haustüre öffnet sich leise, und der Kopf der Knusperhexe wird sichtbar. Die Kinder bemerken sie nicht und schmausen lustig weiter.

GRETEL. Wart, du näschiges Mäuschen,
gleich kommt die Katz aus dem Häuschen!

HÄNSEL. Knuspre nur zu
und lass mich in Ruh!

GRETEL *(entreißt ihm ein Stück Kuchen).*
Nicht so geschwind,
Herr Wind, Herr Wind!

HÄNSEL *(nimmt es ihr wieder ab).* Himmlisches Kind,
ich nehm, was ich find!
(Sie lachen beide hell auf. Während des letzten Gespräches ist die Türe des Häuschens aufgegangen, und die Hexe tritt, von den Kindern nicht bemerkt, daraus hervor, behutsam auf diese zuschleichend. Rasch wirft sie dem ahnungslosen Hänsel einen Strick um den Hals, eben in dem Augenblick, als die Kinder lachen.)

HEXE *(grell lachend).* Hihi, hihi, hihihi!
(Die Kinder blicken sich erschrocken um.)
HÄNSEL *(entsetzt).* Lass los! – Wer bist du? – Lass mich los!
HEXE *(die Kinder an sich ziehend).* Engelchen!
Und du, mein Bengelchen!
Ihr kommt mich besuchen? – Das ist nett!
Ihr lieben Kinder, so rund und fett!
HÄNSEL *(macht verzweifelte Anstrengungen, sich loszumachen).* Wer bist du, Garstige? – Lass mich los!
HEXE. Na, Herzchen, zier dich nicht erst groß!
Wisst denn, dass euch vor mir nicht graul:
Ich bin *Rosina Leckermaul*,
höchst menschenfreundlich stets gesinnt,
unschuldig wie ein kleines Kind.
Drum hab ich die kleinen Kinder so lieb,
So lieb – ach, zum Aufessen lieb!
(Sie streichelt die Kinder.)
HÄNSEL *(barsch abwehrend).*
Geh! – bleib mir doch aus dem Gesicht!
Hörst du! Ich mag dich nicht!
(Stampft mit dem Fuß.)
HEXE. Hihihihi!
Was seid ihr für leckere Teufelsbrätchen,
besonders du, mein herziges Mädchen!
Kommt, kleine Mäuslein,
kommt in mein Häuslein!
Ihr sollt's gut bei mir haben,
will drinnen köstlich euch laben.
Schokolade, Torten, Marzipan,
Kuchen, gefüllt mit süßer Sahn,
Johannisbrot und Jungfernleder
und Reisbrei – auf dem Ofen steht er –,
Rosinen und Mandeln und Datteln sich zeigen:
's ist alles im Häuschen euer eigen!
HÄNSEL. Ich geh nicht mit dir, garstige Frau! –
Du bist gar zu freundlich!

HEXE. Schau, schau, wie schlau!
Ihr Kinder, ich mein's ja so gut mit euch,
ihr seid ja bei mir wie im Himmelreich!
Kommt, kleine Mäuslein!
Kommt in mein Häuslein!
Ihr sollt's gut bei mir haben,
will drinnen köstlich euch laben!
(Sie will Hänsel fortziehen.)

GRETEL. So sprich:
Was willst du meinem Bruder tun?

HEXE. I nun, ich will ihn füttern und nudeln
mit allerhand vortrefflichen Sachen,
ihn zart und wohlschmeckend machen.
Und ist er dann recht zahm und brav,
geduldig und fügsam wie ein Schaf,
dann – Hänsel, ich sag dir's ins Ohr:
dir steht eine große Freude bevor!

HÄNSEL. So sag's doch laut und nicht ins Ohr:
Welch große Freude steht mir bevor?

HEXE. Ja, liebe Kinder, Hören und Sehn,
wird euch bei diesem Vergnügen vergehn!

HÄNSEL. Ei, meine Augen und Ohren sind gut,
haben wohl Acht, was Schaden mir tut!
Gretel, trau nicht dem gleißenden Wort –
Komm, Schwesterchen, wir laufen fort!
(Er hat sich allmählich von der Schlinge befreit und will mit Gretel fortlaufen; sie werden aber von der Hexe zurückgehalten, die gebieterisch ihren Zauberstab gegen die beiden erhebt.)

HEXE. Halt! –
(Macht mit dem Stabe die Gebärde des Hexenbannes. Die Bühne verfinstert sich.)
Hokuspokus, Hexenschuss!
Rühr dich, und dich trifft der Fluss!
Nicht mehr vorwärts, nicht zurück,
bann dich mit dem bösen Blick;

Kopf steh starr dir im Genick!
(Neue Gebärde; die Spitze des Stabes fängt an zu leuchten.)
Hokuspokus, nun kommt Jokus!
Kinder, schaut den Zauberknopf!
Äuglein, stehet still im Kopf! –
Nun zum Stall hinein, du Tropf!
Hokuspokus, bonus, jokus,
Malus lokus, hokuspokus!
(Leitet den starr auf den Knopf blickenden Hänsel zum Stalle und schließt hinter ihm die Gittertüre, während Gretel regungslos dasteht. Die Bühne erhellt sich wieder.)

HEXE *(vergnügt zu Gretel).*
Nun, Gretel, sei vernünftig und nett! –
Der Hänsel wird nun balde fett.
Wir wollen ihn, so ist's am besten,
mit süßen Mandeln und Rosinen mästen.
Ich geh ins Haus und hole sie schnell –
Du, rühre dich nicht von der Stell!
(Sie droht grinsend mit dem Finger und hinkt ins Haus.)

GRETEL *(starr und unbeweglich).*
Hu – wie mir vor der Hexe graut!

HÄNSEL. Gretel! Pst! Sprich nicht so laut!
Sei hübsch gescheit und gib fein Acht
auf jedes, was die Hexe macht.
Zum Schein tu alles, was sie will –
da kommt sie schon zurück – Pst! still!

HEXE *(kommt hervor, überzeugt sich, ob Gretel noch stille steht, worauf sie dem Hänsel aus einem Korb Mandeln und Rosinen hinhält).*
Nun, Jüngelchen,
ergötze dein Züngelchen!
(Steckt Hänsel eine Rosine in den Mund.)
Friss, Vogel, oder stirb –
Kuchen-Heil dir erwirb!
(Wendet sich zu Gretel und entzaubert sie mit einem Wacholderbusch.)

Hokuspokus, Holderbusch!
Schwinde, Gliederstarre, husch!
(Gretel rührt sich wieder.)
Nun, wieder kregel, süßes Kleinchen,
rühr mir geschwind die runden Beinchen!
Geh, mein Püppchen, flink und frisch,
decke drinnen hübsch den Tisch!
Schüsselchen, Tellerchen, Messerchen, Gäbelchen,
Serviettchen für mein Schnäbelchen;
und mach alles recht hurtig und fein,
sonst sperr ich dich auch in den Stall hinein!
(Sie droht kichernd; Gretel eilends ab ins Haus.)
HEXE *(zu dem sich schlafend stellenden Hänsel).*
Der Lümmel schläft ja, nun sieh mal an,
wie doch die Jugend schlafen kann!
Na, schlaf nur brav, du gutes Schaf,
bald schläfst du deinen ewigen Schlaf.
Doch erst die Gretel muss mir dran;
mit dir, mein Liebchen, fang ich an,
bist so niedlich, zart und rund,
wie gemacht für Hexen-Mund!
(Sie öffnet die Backofentür und riecht hinein.)
Der Teig ist gar, wir können voran machen.
Hei, wie im Ofen die Scheite krachen!
(Schiebt noch ein paar Holzscheite unter und reibt sich dann schmunzelnd die Hände.)
Ja, Gretelchen,
wirst bald ein Brätelchen!
Schau, schau!
Schau, wie schlau!
Sollst gleich in Backofen hucken
und nach den Lebkuchen gucken.
Und bist du dann drin – schwaps,
geht die Tür – klaps!
Dann ist fein Gretelchen
mein Brätelchen!

Das Brätlein, das soll sich verwandeln
in Kuchen mit Zucker und Mandeln;
im Zauberofen mein
wirst du ein Lebkuchen fein!
(In wilder Freude ergreift sie einen Besen und reitet ausgelassen auf ihm ums Haus. Gretel steht lauschend am kleinen Fenster. – Blitz und Donner.)
Hurr hopp hopp hopp,
Galopp, Galopp,
mein Besengaul,
hurr hopp, nit faul!
Sowie ich's mag
am lichten Tag,
spring kreuz und quer
ums Häuschen her!
Bei dunkler Nacht,
wenn niemand wacht,
zum Hexenhaus
am Schornstein raus!
Aus fünf und sechs,
so sagt die Hex,
mach sieb' und acht,
so ist's vollbracht;
und neun ist eins,
und zehn ist keins,
und viel ist nichts,
die Hexe spricht's.
So reitet sie
bis morgen früh –
Brr! Besen! hüh!
(Vom Besen steigend hinkt die Hexe zu Hänsel und kitzelt ihn mit einem Besenreis wach.)
Auf! wach auf, mein Jüngelchen,
zeig mir dein Züngelchen!
(Hänsel streckt die Zunge heraus.)

(Schnalzend.) Schlicker, schlecker,
lecker, lecker!
Kleines leckeres Schlingerchen,
zeig mir dein Fingerchen!
(Hänsel steckt ein Stöckchen heraus.)
Jemine! Oje!
Wie ein Stöckchen, o weh!
Bübchen, deine Fingerchen
sind elende Dingerchen!
(Ruft.) Mädel! Gretel!
(Gretel zeigt sich an der Tür.)
Bring Rosinen und Mandeln her;
Hänsel meint, es schmeckt nach »mehr«!
(Gretel springt ins Haus und kehrt mit einem Körbchen zurück.)

GRETEL. Da sind die Mandeln!
(Sie stellt sich, während die Hexe den Hänsel füttert, hinter sie und macht gegen Hänsel die Entzauberungsgebärde mit dem Wacholderbusch.)

GRETEL *(leise).* Hokuspokus, Holderbusch!
Schwinde, Gliederstarre – husch!
(Hänsel wird wieder beweglich.)

HEXE *(sich rasch umwendend).*
Was sagtest du, mein Gänselchen?

GRETEL *(etwas verlegen).*
Meint' nur: wohl bekomm's, mein Hänselchen.

HEXE *(schwerhörig).* He?

GRETEL *(lauter).* Wohl bekomm's, mein Hänselchen!

HEXE *(hat von der Entzauberung Hänsels nichts bemerkt).*
Hihihi! Mein gutes Tröpfchen,
da – steck dir was ins Kröpfchen!
(Steckt Gretel eine Rosine in den Mund.)
Friss, Vogel, oder stirb –
Kuchen-Heil dir erwirb!
(Sie öffnet die Backofentür; Hänsel gibt Gretel lebhafte Zeichen.)

HÄNSEL *(leise die Stalltür öffnend).*
Schwesterlein,
hüt dich fein!
HEXE *(Gretel gierig betrachtend).*
Wie wässert mir das Mündchen
nach diesem süßen Kindchen!
Komm, Gretelchen,
Zuckermädelchen!
Sollst in den Backofen hucken
und nach den Lebkuchen gucken,
sorgfältig schaun – ja,
ob sie schon braun da,
oder ob's zu früh –
's ist kleine Müh!
(Gretel zaudert.)
HÄNSEL *(aus dem Stall schleichend).* Schwesterlein,
hüt dich fein!
GRETEL *(sich ungeschickt stellend).* Ei, wie fang ich's an,
dass ich komme dran?
HEXE. Musst dich nur eben
ein bisschen heben.
Kopf vorgebeugt –
's ist kinderleicht!
HÄNSEL *(Gretel am Kleide zurückhaltend, hinter ihr verborgen).* Schwesterlein,
hüt dich fein!
GRETEL *(schüchtern).* Bin gar so dumm,
nimm mir's nicht krumm;
drum zeige mir eben:
wie soll ich mich denn heben?
HEXE *(macht eine ungeduldige Bewegung).*
Kopf vorgebeugt!
's ist kinderleicht!
(Sie will es ihr zeigen; indem sie sich vorbeugt und mit halbem Leibe hineinkriecht, geben ihr Hänsel und Gretel von

hinten einen derben Stoß, so dass sie vollends hineinfliegt, und schlagen dann rasch die Tür zu.)

HÄNSEL und GRETEL *(ihr nachspottend).*

Und bist du dann drin – schwaps!
Geht die Tür – klaps!
Du bist dann statt Gretelchen
ein Brätelchen!

(Hänsel und Gretel fallen sich jubelnd in die Arme, fassen sich bei der Hand und tanzen.)

Juchhei! Nun ist die Hexe tot,
mausetot, und aus die Not!
Juchhei, nun ist die Hexe still, mäuschenstill!
Kuchen gibt's die Füll!
Nun ist zu End der Graus, Hexengraus!
Und der Spuk ist aus!
Ja, lasst uns fröhlich sein,
tanzen im Feuerschein,
halten im Knusperhaus
herrlichsten Freudenschmaus!
Hei! Juchhei, Juchhei!

(Sie umfassen sich und walzen miteinander zum Knusperhaus, wo sie alle Herrlichkeiten in Besitz nehmen. Im Hexenofen knistert es gewaltig, die Flamme schlägt hoch empor; dann erfolgt ein starker Krach, und der Ofen stürzt donnernd zusammen. Hänsel und Gretel fallen vor Schreck zu Boden; dann blicken sie erstaunt um sich. Ihre Verwunderung steigt aufs Höchste, als sie die Kinder gewahr werden, deren Kuchenhülle inzwischen abgefallen ist.)

Vierte Szene

GRETEL *(nach einer Weile).*

Da, sieh nur die artigen Kinderlein!

HÄNSEL. Wo mögen die hergekommen sein?

DIE KUCHENKINDER *(ganz leise und unbeweglich).*
Erlöst – befreit – für alle Zeit!
GRETEL. Geschlossen sind ihre Äugelein;
sie schlafen und singen doch so fein!
KUCHENKINDER *(leise).* O rühre mich an,
dass ich erwachen kann!
HÄNSEL *(verlegen).*
Rühr du sie doch an – ich trau mir's nicht.
GRETEL. Ja, streicheln wir dies hübsche Gesicht!
(Sie streichelt das nächste Kind; dieses öffnet die Augen und lächelt.)
ANDRE KUCHENKINDER.
O rühr auch mich – auch mich rühr an,
dass ich die Äuglein öffnen kann.
(Gretel geht streichelnd zu den übrigen Kindern, die lächelnd die Augen öffnen, ohne sich zu rühren; endlich ergreift Hänsel den Wacholder.)
HÄNSEL *(Entzauberungs-Gebärde).*
Hokuspokus, Holderbusch!
Schwinde, Gliederstarre – husch!
DIE KUCHENKINDER *(springen auf, schließen sich zu einem Ringelreigen um Hänsel und Gretel).*
Habt Dank, habt Dank euer Leben lang!
Die Hexerei ist nun vorbei;
nun singen und springen wir froh und frei!
Kommt, Kinderlein, zum Ringelreihn,
reicht alle euch die Händchen fein!
Drum singt und springt,
drum tanzt und singt,
dass laut der Jubelruf durchdringt
den Wald,
und rings erschallt von Lust der Wald.
HÄNSEL und GRETEL.
Die Englein haben's im Traum gesagt,
in stiller Nacht,
was nun so herrlich uns der Tag

hat wahr gemacht.
Ihr Englein, die uns so treu bewacht
bei Tag und Nacht,
habt Lob und Dank für all die Pracht,
die uns hier lacht.

DIE KUCHENKINDER *(drängen sich hinzu, um Hänsel und Gretel die Hände zu schütteln).*
Habt Dank, habt Dank
euer Leben lang!

Letzte Szene

Aus dem Hintergrund ertönt die Stimme des Vaters.

VATER. Rallalala, rallalala,
wären doch unsre Kinder da!
Rallalala, rallalala. –
(Er erblickt Hänsel und Gretel.)
Juch –! Ei, da sind sie ja!

HÄNSEL und GRETEL *(den Eltern entgegeneilend).*
Vater! Mutter!

MUTTER. Kinderchen!

VATER. Da sind ja die armen Sünderchen!
(Frohe Umarmung. Unterdes haben zwei Knaben die Hexe als großen Lebkuchen aus den Trümmern des Zauberofens gezogen. Bei ihrem Anblick bricht alles in ein Jubelgeschrei aus. Die Knaben stellen die Hexe in die Mitte der Bühne.)

VATER. Kinder, schaut das Wunder an,
wie die Hexe hexen kann.
Wie sie hart,
knusperhart,
selber nun zum Kuchen ward!
Merkt des Himmels Strafgericht:
böse Werke dauern nicht!
Wenn die Not aufs Höchste steigt,
Gott der Herr die Hand uns reicht!

ALLE. Wenn die Not aufs Höchste steigt,
Gott der Herr die Hand uns reicht!

(Indem die Kinder einen lustigen Reigen um die Gruppe tanzen, fällt der Vorhang.)

Nachwort

In seiner »märchenarchäologischen« Studie von 1963 (*Die Wahrheit über Hänsel und Gretel*) hat der Karikaturist Hans Traxler von der sensationellen Ausgrabung des Hexenhauses berichtet und den ätiologischen Ursprung des Märchens *Hänsel und Gretel* enthüllt. Es handele sich um einen Verschleierungsversuch des Raubmordes an der Erfinderin eines Pfefferkuchenrezepts durch zwei Erwachsene im 18. Jahrhundert. Traxlers Parodie pedantischer Wissenschaft, die sogar zuweilen ernst genommen wurde, war eine ironische Reaktion auf die verstärkte Beschäftigung mit der Märchenliteratur nach dem Zweiten Weltkriege. Vor allem die antiautoritäre und emanzipatorische 68er Bewegung diskutierte Funktion und Belang der Märchen für die Bewusstseinsbildung und diagnostizierte ihren oft wenig kindgemäßen Charakter. Dabei geriet *Hänsel und Gretel* besonders ins Visier, handelt es sich doch bei diesem typischen Fressermärchen um die Thematisierung der Beziehungskonflikte mit den Eltern aus der Perspektive des kindlichen Erlebnishorizontes, und damit galt es besonders behutsam umzugehen.

Nun stammen viele der von den Brüdern Grimm gesammelten Märchen mehr oder weniger explizit aus der französischen Sammlung von Charles Perrault. Bei *Hänsel und Gretel* liegt der Fall noch etwas differenzierter. Der erste Teil ist sicher von Perrault abhängig (vgl. *Le Petit Poucet*); das Motiv des Zuckerhäuschens entspringt indessen einer anderen Quelle, die bis heute nicht eindeutig erschlossen ist. Ideologisch verweist das Märchen auf eine Zeit (dem 17. Jahrhundert), in der Kinder wie kleine Erwachsene angesehen wurden und noch nicht ihre eigene Bildungs- und Erlebniswelt zugesprochen bekamen. Das änderte sich entscheidend unter dem Einfluss Jean-Jacques Rousseaus und seiner Adepten zu Anfang des 19. Jahrhunderts, und die

Brüder Grimm sind ein Ausfluss dieser Entwicklung. Gegen Ende des Jahrhunderts war dieses Bestreben auf seinem Höhepunkt, und die Gründerzeit war bemüht, die Kinder besonders zu behüten und vor allen »schädlichen« Einflüssen zu bewahren.

Unter den Händen von Adelheid Wette, Schwester des Komponisten Engelbert Humperdinck und begeisterter Mutter zweier schauspielerisch begabter Mädchen, nahm das Märchen *Hänsel und Gretel* dann die Gestalt an, die heute jenseits der Grimmschen und Bechsteinschen Fassung im allgemeinen Bewusstsein am meisten weiterlebt und durch viele Aufführungen der Oper *Hänsel und Gretel* vor allem in der Weihnachtszeit verbreitet worden ist. Adelheid Wette erkannte im Zuge ihres spezifisch rheinischen Katholizismus die besonderen, für die kindliche Phantasie gefährlichen Vorgaben. So wurde der Fresserdämon zu einer Knusperhexe verniedlicht, die gerne Lebkuchen knabbert. Zu diesem Zwecke kocht und frisst sie nicht das Fleisch der gefangenen Kinder, sondern verwandelt sie zuvor in Lebkuchen. Aus der bösen Stiefmutter, die Hänsel und Gretel aus grausamem Egoismus in den düsteren Wald jagt, wird eine sorgende Mutter, die aus purer Not zum Erdbeerensammeln aufruft. Schließlich wird alles durch den Auftritt der 14 Schutzengel, deren Erscheinen Humperdinck als pantomimische Balletteinlage gestaltet, noch christlich verbrämt und Gottes Fürsorge gepriesen: »Wenn die Not aufs Höchste steigt / Gott der Herr die Hand uns reicht.« Bei den Brüdern Grimm wurde mit der Ente, die die Kinder nach der Flucht aus dem Hexenhaus über den die böse magische Welt abtrennenden Fluss ans rettende Ufer trägt, noch eine kosmologische Komponente eingeführt; und Lohn und Preis bestanden nicht in Gottes Huld, sondern in im Hexenhaus gefundenen rein materiellen Werten, die das Leben der armen Leute entscheidend verbesserten.

Adelheid Wette, die mit einem angesehenen Siegburger Arzt und Gelegenheitspoeten verheiratet war, hatte diese dramatisierte Fassung für ein schweizerisches Familienblatt geschrieben, das zuvor schon sehr erfolgreich ihre Theaterfassung von *Schneewittchen* veröffentlicht hatte. Schon dafür komponierte ihr Bruder Engelbert Humperdinck einige Kinderlieder, die großen Anklang fanden. Da sie die neue Märchenversion von *Hänsel und Gretel* zum Geburtstag ihres Mannes aufführen wollte (am 16. Mai 1890), drängte sie Humperdinck zur Eile: »Hilf, hilf schnell, und mach mir etwas Hübsches, Volkstümliches! Es ist dies mein wohlgelungenstes Werkchen und so recht mein Lieblingskindchen. Zweistimmig! Aber es darf nicht zu hoch sein. Schneewittchens Waldlied ist schon etwas zu hoch ...« Und der Bruder ließ sich nicht lange bitten und setzte die etwas gesucht naiven Liedertexte seiner Schwester zweistimmig in Musik, das später beibehaltene Tanzduett »Brüderchen, komm tanz mit mir« (1. Bild), ein Echolied (2. Bild), ein Schlummerlied (beim Einschlafen im Walde) und ein Kikeriki-Lied (beim Erwachen im Walde). Ironisch pathetisch nannte Humperdinck das Ganze ein »Kinderstuben-Weihfestspiel«. Der Gedanke, dass dieser naive Stoff ihm aus einer schweren Lebens- und Schaffenskrise heraushelfen sollte, kam ihm nicht sofort.

Engelbert Humperdinck wurde am 1. September 1854 als ältester Sohn eines Gymnasialoberlehrers in Siegburg bei Bonn geboren. Seine hochmusikalische Mutter erteilte ihm die ersten Klavierstunden, und als er nach weiterer musikalischer Ausbildung geschickt zu komponieren begann – mit 14 Jahren sogar ein Drama mit Musik und ein Singspiel (*Perla*) – stand für ihn fest, dass er Musiker werden wollte, obwohl ihn der Vater nach dem Abitur zunächst zum Architekturstudium drängte. Der Kölner Konservatoriumsdirektor Ferdinand Hiller machte ihm jedoch Mut und besorgte ihm eine Freistelle am Kölner Konservatorium. Das Studium gestaltete sich indessen schwierig, weil Humperdinck oft krank war und seinen Lebensunterhalt mit Klavierspielen in Kneipen verdienen musste. 1876 errang er allerdings das Stipendium der Mozart-Stiftung der Stadt Frankfurt, ging damit jedoch lieber an die königliche Musikschule München. Dort erhielt er gemäß der Tradition des Hauses (Franz Lachner, Joseph Rheinberger) sehr konservativen Unterricht, geriet dann aber als insgeheimer Wagnerianer in die Kreise glühender neu-deutscher »Jung-Münchener« und wurde u. a. Mitglied bei den »Rittern des Heiligen Grals-Ordens«, die Gralssitzungen abhielten und 1878 mit Inbrunst den Ring-Zyklen lauschten, den ersten, die außerhalb von Bayreuth in München veranstaltet wurden. Wieder war es ein Stipendium, dieses Mal der erste Preis der Mendelssohn-Stiftung, das Humperdinck seinem ersehnten Ziele näher brachte, Richard Wagner persönlich kennenzulernen. Er machte sich auf nach Italien und gelangte über Rom nach Neapel, wo er erfuhr, dass Richard Wagner in der Villa Angri auf den Höhen des Posillipo wohnte. Bei dem Zusammentreffen am 9. März 1880, das Humperdinck launig in seinen »Parsifal-Skizzen: persönliche Erinnerungen an R. Wagner und die erste Aufführung des Bühnenweihfestspiels« (in: *Die Zeit*, 1907) beschrieben hat, schenkte ihm Richard Wagner voller Wohlwollen sogleich Vertrauen und Freundschaft und schlug ihm vor, ihm bei der 1882 vorgesehenen Uraufführung des *Parsifal* in Bayreuth zu assistieren. Ab 1881 arbeitete Engelbert Humperdinck dann in Bayreuth an den Abschriften des *Parsifal* und war des Meisters Duz-Freund. Er begleitete ihn auch nach Berlin zu neuen Erfolgen und durfte für den Bayreuther *Parsifal* in den »Karfreitagszauber« einige Takte eigener Erfindung einbringen, die durch eine längere Umbaupause nötig geworden waren. Wagners Freunde waren auch seine Freunde und eröffneten ihm interessante Bekanntschaften mit Komponisten, Sängern und Schriftstellern sogar in Paris, als er wiederum dank eines Stipendiums, des Meyerbeer-Preises, dorthin reisen konnte. In Venedig war er 1882 für zwei Wochen im Palazzo Vendramin Gast Richard Wagners, der ihn wie ein Vater behandelte und

»Hümpchen« nannte. Wieder in Paris zurück, erreichte ihn die Nachricht von Wagners Tod (am 13. Februar 1883), ein Ereignis, das ihn lange traumatisierte. Der Mittelpunkt seines Lebens, aber, wie er später im Rückblick auf die neun Jahre der »Symbiose« mit Richard Wagner kritisch erkannte, auch die Zeit der Selbstentfremdung, die ihn im eigenen Schaffen behindert hatte, war dahin. Er irrte auf den Spuren Don Quijotes durch Spanien mit Cervantes' Roman in der Hand, kehrte schwerkrank nach Köln zurück und wurde von seinem Schwager gesundgepflegt.

Beruflich hatte er unter dem Odium, ein Wagnerianer zu sein, zu leiden. Zwar übertrug ihm eine Champagnerfabrikantin, eine gewisse Mme Pelouze, der das Loire-Schloss Chenonceaux gehörte, die Aufgabe, dort ein Orchester für ein privates »petit Bayreuth« zu begründen, aber die Anstellung 1883 als nur zweiter Kapellmeister in der »Krämerstadt« Köln, wie er sie despektierlich nannte, erschien ihm dann doch seriöser. Schon 1884 war er wieder in Bayreuth, wo ihm der Geist des Meisters sichtlich fehlte. In München arbeitete er an den Separat-Vorstellungen des *Parsifal* mit, denen Ludwig II. allein im Dunkel seiner Loge beiwohnte.

Ein Kuriosum war Humperdincks Anstellung 1885 für einige Wochen als »Klavierspieler« und musikalischer Gesellschafter für den Industriellen Alfred Krupp, der überhaupt nichts von Musik verstand. Aus seiner prunkvollen, aber öden Wohnung in der Villa Hügel trieb Humperdinck schließlich das Angebot, in Barcelona 1885/86 einen Lehrauftrag zu übernehmen. Doch dort war man eher der italienischen Oper zugetan und hatte wenig Verständnis für ihn, zumal man die deutsche Musik, wie er klagte, generell mehr als Wissenschaft denn als Kunst ansah. Schloss Chenonceaux, wo er im Bett Franz' I. schlafen durfte, war erneut Zwischenstation, ehe er 1887 einen Lehrauftrag am Kölner Konservatorium erhielt. Er war Lektor beim Verleger Schott (Oktober 1888), konnte in diesem Kontext einiges für die Verbreitung des Liedschaffens von Hugo Wolf bewirken und hatte ab 1890 gerade einige Zeit existenzieller Ruhe als Opernreferent der *Frankfurter Zeitung* und Lehrer am Hochschen Konservatorium in Frankfurt am Main gefunden, als er durch seine Schwester mit der Märchenwelt der Brüder Grimm konfrontiert wurde. 1889 hatte ihm Cosima Wagner als besondere Auszeichnung ihren Sohn Siegfried zum Musikunterricht geschickt, und man kann annehmen, dass dessen Opernkompositionen im »volkstümlichen Stil« wesentlich auf den Einfluss Humperdincks zurückgehen, vor allem *Der Bärenhäuter* (1899) und *An allem ist Hütchen schuld* (1917).

Am 18. April 1890 schrieb er dann das schon erwähnte und für unseren Kontext interessante »Kinderstuben-Weihfestspiel« in Anspielung auf Bayreuth und *Parsifal*, wurde aber zu Pfingsten in Köln von der ganzen Familie zu einer ehrgeizigeren Fassung von *Hänsel und Gretel* gedrängt. Das Libretto skizzierte seine Schwester mit Hilfe seiner tüchtigen Verlobten Hedwig Taxer aus Siegburg. Im August 1890 war die neue Fassung im Rohbau fertig. Hinzugefügt waren die Auftritte des Sandmännchens und des Taumännchens, die Szene der Eltern aus dem ersten Bild, die Kuchenkinder und einiges mehr. Noch schwankte man, ob es eine reine Oper für Kinder und von Kindern sein sollte oder die Hauptrollen aufgrund ihrer musikalischen Komplexität doch Erwachsenen übertragen werden müssten. Im Dezember 1890 war das Libretto dann endgültig fertiggestellt, und einen Monat später begann Humperdinck mit der Komposition. Den ursprünglichen Gedanken, ein Singspiel zu schreiben, hatte er aufgegeben; er wollte das ganze Stück »durchkomponieren«, wie er es nannte. Als er in Bayreuth, wo er den *Tannhäuser* probte, darüber sprach, fand man das Vorhaben reichlich kindisch. Einzig Richard Strauss versprach Humperdinck seine Unterstützung.

Die Zeit war in der Tat kaum reif für eine reine Märchenoper. Zwar waren die Sagen der Völker als Opernstoff im Anschluss an Richard Wagners Werk noch gefragt, die Tendenz ging in den 90er Jahren aber als Reaktion auf die oft langatmigen heroischen Musikdramen der Wagner-Epigonen erkennbar zum italienischen Verismo, der sich gerade mit den Einaktern *Cavalleria Rusticana* und *Bajazzo* Bahn gebrochen hatte. Humperdincks Unsicherheit über den Erfolg seiner Märchenoper, in der er Wagner-Stil und volksliedhafte Simplizität zu mischen versuchte und die er als Klavierfassung im Dezember 1891 vollendete und seiner Verlobten Hedwig auf den weihnachtlichen Gabentisch legte, zeigte sich darin, dass er mittels Spezialpapier und -tinte gleich fünfzig Abschriften erstellte, um sie herumschicken zu können. Noch vor Abschluss der Instrumentierung konnte er jedoch den Parsifal-Dirigenten Hermann Levi 1893 begeistern, der die Uraufführung sogleich für München ansetzte. Felix Mottl, andere Wagner-Koryphäe der Frühzeit, plante eine Aufführung in Karlsruhe. Aufgrund verschiedener Unbill kam dann aber die Uraufführung auf Initiative von Richard Strauss, der sich gleich für das Werk begeistert hatte, am 23. Dezember 1893 in Abwesenheit des Komponisten im Großherzoglichen Hoftheater zu Weimar zustande. Der Erfolg stellte sich allerdings erst nach den schon vorher geplanten Münchener und Karlsruher Vorstellungen ein und erbrachte viele Verträge mit deutschsprachigen Bühnen und gute Tantiemen für den stets in pekuniären Nöten steckenden Humperdinck. Nun waren auch die Künstlerkollegen enthusiasmiert. Johannes Brahms hörte in Wien begeistert zu, und in Dessau übernahm sogar die »hohe Frau« Cosima Wagner selbst die Regie und entwickelte ein System, die Hexe mit dem Besen fliegen zu lassen. Die Wiener Erstaufführung am 18. Dezember 1894 wurde dann ein Triumph und öffnete der Oper die Bühnen der Welt.

Es wird häufig behauptet, die Oper *Hänsel und Gretel* sei die beste Einführung in Wagners *Ring des Nibelungen*. In der Tat ist die durchkomponierte Form wagnerisch, ebenso wie die allenthalben anzutreffenden Chromatismen, die allerdings eher an *Tristan und Isolde* und *Parsifal* gemahnen. Humperdinck hat auch die Leitmotivtechnik angewandt in dem Sinne, dass das thematische Material immer wiederkehrt und einige Themen die ganze Oper durchziehen bzw. bestimmte Abschnitte charakterisieren. Konstant und quasi als ideologischer Überbau bleibt nur der Choral »Abendsegen«, der unerschüttert über verschiedenen musikalischen Inspirationsquellen thront, die Kindheit und Erwachsenenwelt mit Märchenhaftem und Realistischem, Diatonischem und Chromatischem und formaler Geschlossenheit und Offenheit kombinieren. Aus dem steten Amalgam all dieser Elemente entsteht ein Klangzauber, dem sich kaum jemand entziehen kann. Die Oper selbst gliedert sich sehr traditionell in drei Bilder, die jeweils mit einem Vorspiel eingeleitet werden. Das dritte Bild birgt die eigentlich dramatische Handlung, das zweite erscheint als feenhafte romantische Episode und Apotheose des deutschen Waldes, die in der zweiten Szene in dem berühmten »Abendsegen« auf einen Text frei nach dem »Abendgebet« aus »Des Knaben Wunderhorn«, ursprünglich einem alten Bergischen Kindergebet, kulminiert: »Abends, will ich schlafen gehn, / vierzehn Engel um mich stehn …« Abgesehen von den integrierten Kinderliedern werden die Dialoge im Arioso-Stil gesungen, der zuweilen durch sehr kräftig rhythmisierte (Hexenballade des Besenbinders) oder volksliedhafte Einzelnummern (Szenen von Sand- und Taumännchen) unterbrochen wird. Ein arioses Meisterstück und eine Herausforderung für viele berühmte Sänger (sowohl des Sopran-, als auch Mezzo- und Tenorfachs) ist die Auftrittsszene der Hexe.

Von Humperdincks späteren Bühnenwerken ist vor allem eines in Erinnerung geblieben, *Die Königskinder*. Diese tragische Version von *Aschenputtel* in der literarischen Gestalt eines Kunstmärchens basiert wiederum auf dem Libretto einer Dame, Elsa Bernstein-Porges, die sich den Künstlernamen Ernst Rosmer gab. Es erzählt mit symbolistischen Anklängen à la Maurice Maeterlinck von Liebe und Tod des

Königssohns und der Gänsemagd, deren Ziehmutter eine später auf dem Scheiterhaufen verbrannte böse Hexe ist. Humperdinck machte daraus zunächst ein »gebundenes Melodram« in Sprechnotenschrift, das die musikalische Diktion in der modernen Oper (Arnold Schönberg, Alban Berg) vorausnahm, mit einem eigenen Notationssystem und präzisen Rhythmusangaben. Dieses 1897 in München uraufgeführte Werk, dessen Umarbeitung zu einer weniger symbolistischen denn handfesten Märchenoper der Dichterin mit vielen Mühen abgerungen werden musste, sollte Humperdinck eine unverhoffte besondere Huldigung an der New Yorker Metropolitan Opera einbringen. Kurz nach der Uraufführung von Puccinis *La Fanciulla del West* wurde die Märchenoper am 28. Dezember 1910, nachdem Humperdinck schon fünf Jahre zuvor mit *Hänsel und Gretel* das Herz der New Yorker Opernzuschauer gewonnen hatte, in Gegenwart der ganzen Haute Volée in glänzender Besetzung uraufgeführt. Hermann Jadlowker war der Königssohn, und als Gänsemagd hatte es sich Geraldine Farrar nicht nehmen lassen, mit eigens von ihr selbst dressierten 12 lebenden Gänsen auf der Bühne zu erscheinen. Am 1. Januar 1919 wurden *Die Königskinder* dann in Berlin noch einmal gespielt, mitten im Chaos von Revolution und Anarchie. Damals war Humperdinck noch Professor an der Musikschule als Nachfolger von Max Bruch. Aber seine Zeit als kaisertreuer Konservativer, die ihm ab 1901 in Berlin einige Auszeichnungen und Ehrenämter eingebracht hatte (Mitglied der Königlichen Akademie der Künste, Vorsteher einer Meisterklasse für musikalische Komposition, Ernennung zum Ehrendoktor der Linden-Universität 1910) und ihn zu einer sehr populären Erscheinung mit umfangreichem verschiedenartigem Betätigungsfeld bis hin zur Zusammenarbeit mit dem Theaterregisseur Max Reinhardt hatte werden lassen, war vorbei; er wurde gegen den heftigen Widerstand seiner Schüler (besonders des jungen Kurt Weill) aus dem Staatsdienst unsanft in den Ruhestand versetzt. Allerdings stand es mit seiner Gesundheit nicht mehr zum Besten, denn schon 1912 hatte er im Anschluss an die Londoner Aufführung der Pantomime *Das Mirakel*, die übrigens dasselbe Thema behandelt wie die kürzlich wiederentdeckte Oper von Ruperto Chapí *Margarita la Tornera* (1909) und auf eine Anregung von Max Reinhardt zurückgeht, vor Überanstrengung einen Schlaganfall erlitten, von dem er sich nie mehr ganz erholen konnte. Im Juni 1920 hörte er ein Jahr und drei Monate vor seinem Tode (am 27. September 1921) in Weimar Arnold Schönbergs *Fünf Orchesterstücke op. 16.* »Das ist Musik für Verrückte«, befand er, der allezeit liebenswürdige Adept eines im Volksliedhaften wurzelnden, naiven Schaffens, dessen kompositorische Besonderheit sein Sohn Wolfram, der im Übrigen seinem Vater eine umfängliche Biographie gewidmet hat,* so umschreibt: »Klarheit der Form, reine, empfindungsvolle Melodik und eine hohe Meisterschaft in der Kunst des Satzes«.

Henning Mehnert

* Wolfram Humperdinck, *Engelbert Humperdinck. Das Leben meines Vaters*, Frankfurt a. M. 1965, Neuausg. Koblenz 1993.

Opern-, Operetten-, Musical- und Oratorientexte

Johann Sebastian Bach, Johannes-Passion. Matthäus-Passion. Weihnachts-Oratorium. Messe in h-Moll. 93 S. UB 18063

Ludwig van Beethoven, Fidelio. 48 S. UB 2555

Vincenzo Bellini, Norma. Ital./dt. 85 S. UB 4019

Georges Bizet, Carmen. 91 S. UB 8258 – Carmen. Franz./dt. 245 S. UB 9648

Gaëtano Donizetti, Don Pasquale. 48 S. UB 3848 – Der Liebestrank. 60 S. UB 4144 – Lucia von Lammermoor. 48 S. UB 3795

Christoph Willibald Gluck, Orpheus und Eurydike. 47 S. UB 4566

Charles Gounod, Margarete (Faust). 64 S. UB 8329

Joseph Haydn, Die Schöpfung. Die Jahreszeiten. 77 S. UB 18509

Engelbert Humperdinck, Hänsel und Gretel. 52 S. UB 7749

Leoš Janáček, Jenufa. 61 S. UB 18296

Kiss Me Kate. 181 S. UB 9263

Ruggero Leoncavallo, Der Bajazzo. Ital./dt. 71 S. UB 8311

Albert Lortzing, Zar und Zimmermann. 80 S. UB 2549

Felix Mendelssohn Bartholdy, Paulus. Elias. 64 S. UB 18393

Wolfgang Amadeus Mozart, Così fan tutte. 86 S. UB 5599 – Così fan tutte. Ital./dt. 162 S. UB 8685 – Don Giovanni. 93 S. UB 2646 – Don Giovanni. Ital./dt. 187 S. UB 7481 – Die Entführung aus dem Serail. 78 S. UB 18400 – Die Hochzeit des Figaro. 101 S. UB 2655 – Die Hochzeit des Figaro. Ital./dt. 200 S. UB 7453 – Idomeneo. Ital./dt. 112 S. UB 9921 – Titus. Ital./dt. 104 S. UB 9926 – Die Zauberflöte. 90 S. UB 2620

Otto Nicolai, Die lustigen Weiber von Windsor. 70 S. UB 4982

Jacques Offenbach, Hoffmanns Erzählungen. 68 S. UB 7751 – Hoffmanns Erzählungen. Franz./dt. 246 S. UB 18329 – Orpheus in der Unterwelt. 123 S. UB 6639

Giacomo Puccini, La Bohème. 71 S. UB 7898 – La Bohème. Ital./dt. 174 S. UB 9364 – Madame Butterfly. 70 S. UB 7949 – Madama Butterfly. Ital./dt. 128 S. UB 18367 – Manon Lescaut. Ital./dt. 128 S. UB 18482 – Tosca. Ital./dt. 126 S. UB 6799 – Turandot. 60 S. UB 9659 – Turandot. Ital./dt. 112 S. UB 18398

Gioacchino Rossini, Der Barbier von Sevilla. Ital./dt. 151 S. UB 8998

Bedřich Smetana, Die verkaufte Braut. 48 S. UB 8584

Johann Strauß, Die Fledermaus. 87 S. UB 8260 – Eine Nacht in Venedig. 80 S. UB 7752

Peter Tschaikowsky, Eugen Onegin. 60 S. UB 8497

Giuseppe Verdi, Aida. Ital./dt. 88 S. UB 9338 – Don Carlos. 87 S. UB 8696 – Don Carlos. Ital./dt. 144 S. UB 18350 – Falstaff. 78 S. UB 7823 – Macbeth. Ital./dt. 84 S. UB 8333 – Die Macht des Schicksals. 64 S. UB 7297 – Ein Maskenball. 80 S. UB 4236 – Nabucco. Ital./dt. 87 S. UB 18216 – Othello. 62 S. UB 7727 – Othello. Ital./dt. 142 S. UB 9469 – Rigoletto. 63 S. UB 4256 – Rigoletto. Ital./dt. 119 S. UB 9704 – Simone Boccanegra. 63 S. UB 7862 – Simon Boccanegra. Ital./dt. 109 S. UB 18327 – La Traviata. 64 S. UB 4357 – La Traviata. Ital./dt. 115 S. UB 9424 – Der Troubadour. 63 S. UB 4323

Richard Wagner, Der fliegende Holländer. 80 S. UB 18317 – Götterdämmerung. 135 S. UB 5644 – Lohengrin. 117 S. UB 5637 – Die Meistersinger von Nürnberg. 207 S. UB 5639 – Parsifal. 111 S. UB 18362 – Das Rheingold. 116 S. UB 5641 Rienzi. 80 S. UB 5645 – Siegfried. 144 S. UB 5643 – Tannhäuser. 101 S. UB 5636 – Tristan und Isolde. 135 S. UB 18272 – Die Walküre. 128 S. UB 5642

Carl Maria von Weber, Der Freischütz. 64 S. UB 2530

West Side Story. 136 S. UB 9212

Philipp Reclam jun. Stuttgart